Paris
1875

Poëy, André

La Politique négative et la politique positive

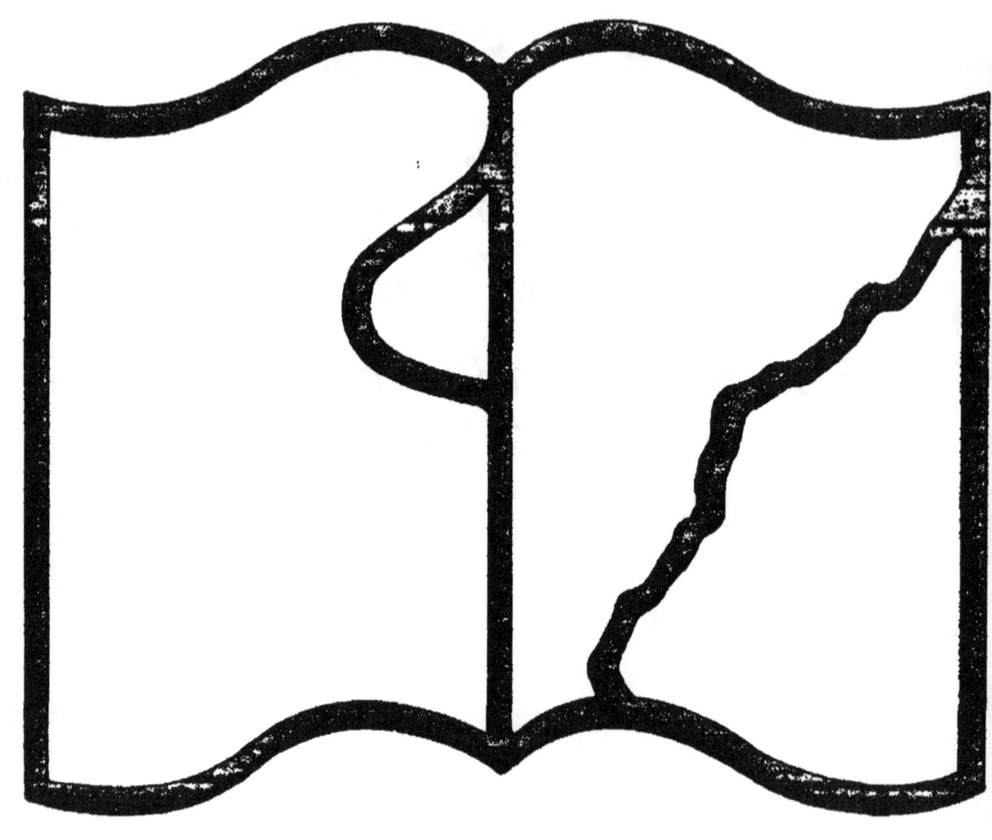

**Symbole applicable
pour tout, ou partie
des documents microfilmés**

Texte détérioré — reliure défectueuse

NF Z 43-120-11

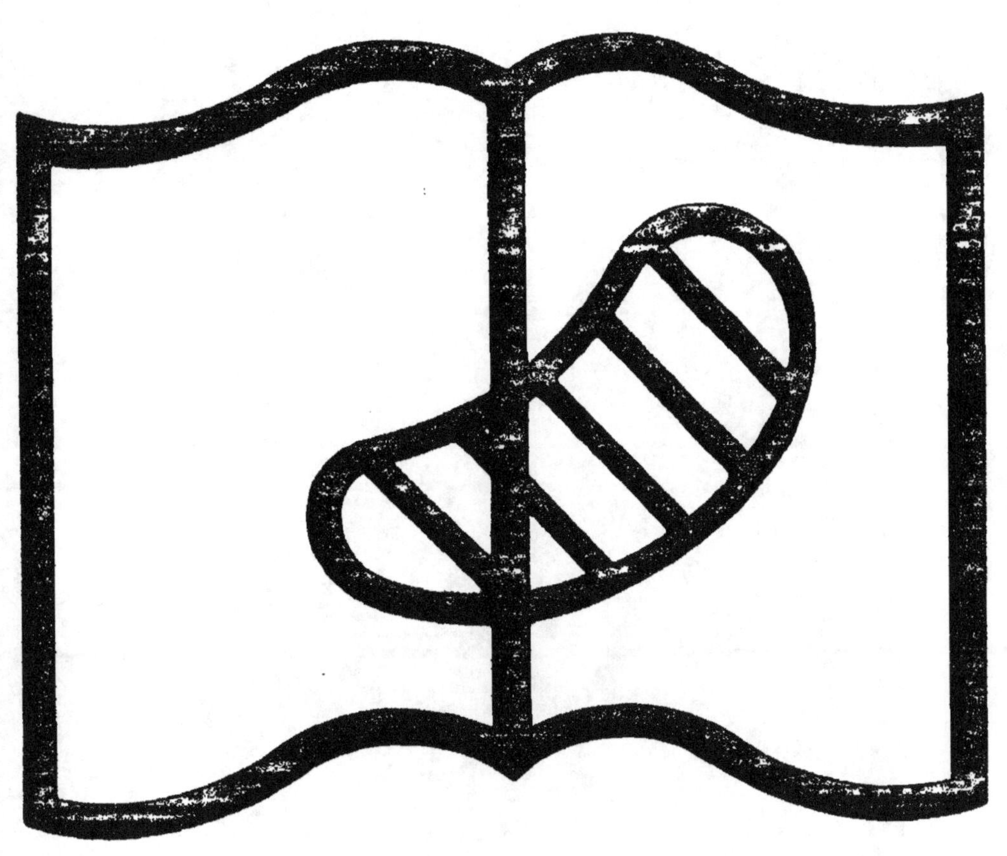

Symbole applicable
pour tout, ou partie
des documents microfilmés

Original illisible

NF Z 43-120-10

LA
POLITIQUE NÉGATIVE
ET LA
POLITIQUE POSITIVE

PAR

ANDRÉ POËY

« La Politique positive,
fondée sur l'histoire,
subordonnée à la morale. »
A. COMTE.

Prix : 30 centimes.

PARIS
ERNEST LEROUX, ÉDITEUR
28, RUE BONAPARTE, 28

1875

LA
POLITIQUE NÉGATIVE

ET LA

POLITIQUE POSITIVE

PAR

ANDRÉ POËY

> « La Politique positive,
> fondée sur l'histoire,
> subordonnée à la morale. »
>
> A. COMTE.

PARIS

ERNEST LEROUX, ÉDITEUR

28, RUE BONAPARTE, 28

—

1875

LA
POLITIQUE NÉGATIVE
ET LA
POLITIQUE POSITIVE

« La Politique positive, fondée sur l'histoire, subordonnée à la morale. » — A. COMTE.

La chute du moyen âge au xive siècle entraîna, dans toute l'Europe, une révolution mentale que n'a fait qu'aggraver la crise française de 1789. Cette révolution n'a pas encore acquis un caractère décisif. Tantôt sourde, tantôt bruyante, elle oscille entre la rétrogradation et l'anarchie, laissant toujours redouter de nouvelles tempêtes politiques sans solution. Cette crise ira s'aggravant, tant qu'elle n'aura pas atteint le développement nécessaire dont le positivisme entrevoit déjà la limite. Cette phase critique, telle que nous l'envisageons, émane de l'interrègne intellectuel qui s'est produit à la suite de l'épuisement du théologisme et de l'impuissance organique de l'ontologisme. Cette double décomposition caractérise la lutte de la révolution occidentale qui a déjà duré cinq siècles.

A partir de 1789, on a senti la nécessité impérieuse de concilier radicalement l'*ordre* et le *progrès*, base organique de toute stabilité sociale. A défaut d'une doctrine qui s'adaptât réellement à la situation, l'empirisme s'est vu forcé de rattacher l'ordre au type rétrograde et le progrès au type révolutionnaire. Mais dans l'un et l'autre de ces camps, il y a absence réelle de convictions; elles ont même fini par perdre tout caractère d'honnêteté.

Leurs prétendus chefs ne peuvent obtenir ou conserver, qu'à l'aide d'une hypocrisie dégradante, l'autorité, qui, graduellement ou par convulsions révolutionnaires, ne tarde pas à passer des supérieurs aux inférieurs. Voilà comment, depuis que le besoin de reconstruire est devenu prépondérant, le scepticisme qui ne convenait qu'au siècle de la démolition, constitue le principal obstacle à la véritable émancipation.

Le besoin impérieux d'organiser l'ordre

et le progrès a fait graduellement surgir, sous le nom de *Conservateurs*, un parti nombreux et puissant, qui s'efforce sincèrement d'écarter à la fois les rétrogrades et les révolutionnaires. C'est là que réside habituellement l'autorité politique, qui ne passe en d'autres mains qu'à la suite des tempêtes rétrogrades ou révolutionnaires. Mais une telle prépondérance est toujours neutralisée par l'absence d'une doctrine appropriée à cette destination. Les conservateurs obéissant à leurs principes empiriques, en consacrant à la fois la rétrogradation théologique et l'anarchie métaphysique, afin de pouvoir opposer l'une à l'autre, ne font qu'éterniser l'état révolutionnaire. Ils deviennent alternativement anarchiques ou rétrogrades, selon qu'ils aspirent au gouvernement ou qu'ils le détiennent. En un mot, les conservateurs font, à leur manière, un mélange dangereux du droit divin et du droit de la souveraineté populaire.

Au nom de l'ordre, les monarchistes se portent vers la théologie rétrograde; au nom du progrès les républicains se portent vers la métaphysique révolutionnaire ; au nom d'une nivellation entre l'ordre et le progrès, les conservateurs fluctuent de l'une à l'autre progression suivant la situation. De là, le double caractère de notre dissolution transitoire, laquelle se reconnaît dans le progrès politique devenu essentiellement négatif, tandis que l'ordre public est maintenu par une résistance de plus en plus rétrograde.

Les conservateurs empiriques qui s'efforcent de surmonter les rétrogrades et les révolutionnaires ont plus d'affinité avec les premiers qu'avec les seconds. Cette préférence consiste en ce que les rétrogrades déchus rappellent les conditions d'ordre, tandis que les révolutionnaires émanés d'une décomposition croissante, n'indiquent vaguement les aspirations au progrès qu'en les liant à des doctrines purement subversives, qui font méconnaître la nature et le caractère de la régénération.

Pour apprécier à leur juste valeur les tendances rétrogrades, il faut reconnaître qu'aucun grand problème ne peut être vraiment posé que d'après une solution quelconque. C'est ce qui explique le besoin que l'on éprouve, dans les périodes orageuses, comme celle que nous traversons, de s'appuyer sur la rétrogradation afin de combattre l'anarchie.

On peut donc amener les rétrogrades à reconnaître que leur conduite est contradictoire, puisqu'ils aspirent à l'unité sans remplir ses principales conditions. Cette unité doit être autant mentale que sociale, pour terminer une révolution plus spirituelle que temporelle.

Les rétrogrades conçoivent le xixe siècle en l'isolant du xviiie, de manière à rompre la chaîne des temps dès son premier anneau. Ils apprécient le moyen âge en écartant sa filiation indispensable avec l'antiquité; méconnaissant ainsi l'indivisibilité de l'ordre humain, ils ne font qu'instituer une synthèse partielle, locale et temporaire, qui ne peut dominer l'avenir faute d'embrasser le passé.

En vertu de la décomposition des croyances, les rétrogrades ne paraissent pourvus d'une doctrine que comparativement aux révolutionnaires qui consacrent l'état négatif. Ne pouvant mettre leurs pensées en harmonie avec leurs sentiments, les conservateurs sont également impuissants.

Il n'existe pas plus d'homogénéité parmi les degrés successifs de la décomposition spontanée du parti rétrograde. Ses défenseurs les plus dogmatiques se trouvent d'abord divisés en deux camps, l'un religieux, l'autre politique, plus discordants que ne furent, au moyen âge, l'esprit catholique et l'instinct féodal, empiriquement combinés par la chevalerie. Ensuite, ses admirateurs temporels se partagent entre l'aristocratie et la royauté. Plusieurs divisions secondaires ont pris naissance de ces deux schismes principaux, quand la situation a fait momentanément prévaloir les rétrogrades. Dans l'un, les défenseurs systématiques du régime rétrograde deviennent d'ardents révolutionnaires à un moment donné; dans l'autre, malgré leur respect dogmatique pour l'autorité, ils ne peuvent résister aux séductions du principe anarchique qui dispose chaque individualité à s'ériger en juge suprême de toutes les questions.

Toutefois, il est bon de remarquer, qu'envisagé sous son aspect politique, le régime rétrograde renferme la base des conditions générales de l'ordre humain, d'après la doctrine de la légitimité peu souvent appréciée à sa véritable valeur. Cette doctrine consiste, en effet, d'une part à faire respecter le pouvoir en vertu de son *origine*, indépendamment de son exercice; d'autre part à *transmettre* l'autorité suivant le mode de transmission de la propriété. L'anarchie empirique a pu seule discréditer ces prescriptions connexes, mais le positivisme les fera revivre en les systématisant pour instituer l'état normal. La première prescription caractérise un besoin de plus en plus urgent; car ce n'est qu'après un long exercice du pouvoir qu'ils arrivent à le faire respecter, et lorsque la possibilité de l'exercer leur est enlevée, ils se trouvent presque annihilés. La seconde prescription indique également une similitude nécessaire entre la puissance civile et la force politique, car l'harmonie sociale reste insuffisante, quand la transmission du commandement ne s'opère pas de la même manière que celle de la richesse.

En acceptant le programme politique et moral des rétrogrades, le positivisme démontre en même temps que sa réalisation appartient exclusivement à la religion de l'Humanité. Le théologisme est tellement épuisé, qu'il est aussi impuissant à consacrer un pouvoir qu'à le discipliner, et qu'il le compromet, alors même qu'il s'efforce de le protéger. C'est en représentant les chefs temporels, civils ou politiques, comme *des Ministres de l'Humanité*, qu'on inspirera, envers eux, une vénération, que l'invocation de Dieu dispose maintenant à leur refuser. Mais cette consécration exige que la continuité se trouve pleinement respectée dans la transmission de tout pouvoir, en procurant à chaque fonctionnaire la faculté de choisir son successeur. Par ce développement décisif de l'autorité privée et publique, le positivisme satisfait directement à la double prescription que les légitimistes ont vainement proclamée.

L'explosion française du xviii° siècle a manifestement démontré l'impossibilité de maintenir le régime graduellement décomposé depuis la fin du moyen âge. Mais le triomphe politique de la révolution moderne dévoila son impuissance organique, et l'imminence de l'anarchie ranima les dispositions rétrogrades. Quand la situation politique parut s'être modifiée au point de reprendre les anciens errements, les révolutionnaires secouèrent leur torpeur, et la lutte reprit entre eux et les rétrogrades; et, à défaut de principes, souvent même de convictions, ces deux doctrines, également épuisées, s'alimentèrent et se neutralisèrent mutuellement. Dès lors leur objectif respectif, qui consistait pour l'un à constituer l'ordre et pour l'autre à provoquer le pro-

grès, fut perdu de vue et échoua complète-
ment. Une analyse impartiale nous démontre
que dans les périodes provisoires les instincts de perfectionnement sont inférieurs
aux instincts de conservation. Aspirant à
construire, quoique d'après un mode vi-
cieux, les rétrogrades se montrent plus conformes au vrai caractère organique de notre
temps que les révolutionnaires, qui, par
leurs tendances naturelles, sont portés à
perpétuer l'esprit de démolition ou de réno-
vation à outrance du xviiie siècle. Les uns,
en résumé, ne repoussent que la régénération brusquement accomplie, tandis que les
autres recherchent les réformes radicales et
les veulent immédiates.

Ces deux écoles, qu'elles appartiennent
à la rétrogradation ou à la conservation, sont
diversement vicieuses, mais peuvent être
également utilisées d'une façon secondaire.
Pour cela, il suffit de transférer l'installation
décisive de la transition organique chez les
vrais conservateurs systématisés, jusqu'à
leur fusion finale avec les positivistes, qui

seuls peuvent dignement servir l'ordre et le progrès. Pour atteindre ce but, il faut, premièrement, rendre aux trois nations catholiques également préservées de l'empirisme protestant, déiste, aristocrate et parlementaire, leur ancienne suprématie politique usurpée au seizième siècle par le protestantisme officiel; ensuite, conférer l'initiative de la régénération humaine à la préséance méridionale, sous la présidence, convenablement épurée et développée, de la France; cimenter, en un mot, l'union des races d'origine latine.

Dans tous les cas, la transition destinée à terminer la révolution occidentale ne peut échoir ni aux peuples, ni aux partis qui ont provoqué l'élaboration des doctrines négatives et des actes révolutionnaires, jamais organiques. En suscitant une émancipation incomplète et contradictoire, ces partis sont devenus, de ce fait même, impuissants à construire l'ordre et le progrès. De son côté, le parti conservateur ayant fait preuve d'impuissance, il ne nous reste plus qu'à régénérer la royauté déchue. Pour y arriver, il suffit de changer le caractère rétrograde qui la fit irrévocablement déchoir et enfin tomber, quand un siècle de dégénération croissante eut pleinement dissipé les sympathies populaires que son aptitude progressive avait graduellement développées. Après l'avoir dépouillée de son caractère absolu et divin, il faut substituer *l'hérédité sociocratique*, caractérisée par le libre choix du successeur, à l'hérédité théocratique, uniquement fondée sur la naissance. Vainement espèrerait-on obtenir le mode de transmission le plus favorable à la plénitude du commandement sans donner au progrès les garanties qui, seules, peuvent procurer une telle faculté. La France n'est pas disposée à montrer plus de zèle en faveur de la légitimité dynastique qu'en faveur de la légitimité parlementaire; bien que son amour de l'ordre la disposât à favoriser l'avènement d'un successeur au trône par voie d'hérédité, le sort qu'éprouva le testament de Louis XIV, quand les mœurs monarchiques étaient moins altérées, indique

que les volontés posthumes d'un monarque pèsent d'un faible poids dans la balance de la nation, lorsqu'elles ne sont pas conformes à ses vœux.

En remontant de la déchéance de la royauté sous l'impulsion du moyen âge et de la désorganisation moderne, jusqu'à l'origine de l'hérédité théocratique, on sent profondément la connexité nécessaire de la monocratie républicaine avec l'hérédité sociocratique, qui doit aujourd'hui caractériser la dictature progressive. Par ce moyen, la République française se trouverait purifiée de toute origine insurrectionnelle, grâce au libre choix qu'elle ferait de son chef spontanément investi d'une confiance exceptionnelle et d'un pouvoir purement temporel.

L'acclamation du régime impérial n'a eu d'autre raison d'être que celle de conférer la plénitude politique à celui qui, nous délivrant du régime parlementaire, poussa la crise finale vers sa dernière phase. En se proclamant *dictateur perpétuel* de la République française et en s'attribuant le choix de son successeur, il complétait la transformation qui peut seule installer la transition organique, dont la conception est entièrement systématisée.

Nous entrons actuellement dans la transition organique réservée à notre siècle, qui sera pour le positivisme, ce que fut le siècle de Constantin et de Théodose pour le catholicisme. Les deux générations qui nous ont précédés, ont été, l'une, d'abord révolutionnaire, puis rétrograde, à la suite de l'orgie militaire qui souilla la crise finale ; l'autre, à la fois révolutionnaire et rétrograde, c'est-à-dire parlementaire.

A défaut d'une vraie doctrine organique, le parlementarisme conserve encore une suprématie temporelle qui ne comporte d'autre guide qu'un empirisme sceptique sous les auspices d'assemblées rétrogrades, toujours disposées à perpétuer l'état révolutionnaire.

Une pleine liberté d'expression et de discussion n'est véritablement dangereuse que quand elle est envisagée au point de vue de l'esprit métaphysique, dont le communisme représente la dernière forme sociale. Voilà pourquoi la doctrine organique du positivisme peut seule surmonter les perturbations du socialisme, en extirpant des sophismes devenus anarchiques. Le positivisme a déjà fourni cette sécurité en disciplinant des âmes profondément anarchiques, que le théologisme jugeait incurables. Grâce au positivisme, il devient de plus en plus facile de satisfaire d'une part, l'amour abstrait de la liberté d'exposition et de discussion chez les théoriciens, sans responsabilité du présent; et d'autre part, de satisfaire de même les craintes fondées des praticiens, responsables du maintien de l'ordre matériel, au milieu du désordre spirituel, sans pour cela leur permettre de sacrifier le présent à l'avenir.

Les positivistes personnifient, par excellence, le parti de l'ordre et du progrès; car, dès qu'ils surmontent les dispositions subversives, l'ordre ne peut rester rétrograde, le progrès cessant d'être anarchique. Il n'en est pas de même des partis politiques et religieux qui s'efforcent d'établir leur discipline sur l'antagonisme des instincts matériels, en dédaignant le passé et en négligeant l'avenir.

Les positivistes consacrent la continuité historique, pour faire prévaloir les conceptions générales sur les notions spéciales, en subordonnant les instincts personnels aux sentiments sociaux. Ils ont seuls conçu et harmonisé l'ordre abstrait des individus avec l'ordre concret des offices. Les positivistes ont donc un triple principe, philosophique, politique et religieux, qui les achemine vers l'unité humaine en vertu d'une foi démontrée.

Au contraire, où la solidarité n'est sentie que dans ses rapports les plus grossiers, où la continuité reste inconnue, où, en maudissant nos ancêtres, on rompt la chaîne des temps, l'éruption de l'individualisme altère profondément la concorde domestique et encore plus la morale publique. Car, au fond, le principe révolutionnaire consiste dans la rupture de la continuité historique, qui nous conduit à l'individualisme, où chacun s'érige en puissance absolue, spirituelle ou temporelle.

Les deux écoles qui concourent au mouvement moderne, l'une par la liberté, l'autre par l'égalité, ont fait spontanément surgir, dès le début de la révolution occidentale, au xive siècle, une distinction qui s'est de plus en plus accentuée. Destinée à manifester une irrévocable renonciation au régime ancien, l'élément négatif de la grande révolution se résuma tout entier dans une devise profondément contradictoire : *Liberté, Égalité*. Cette devise accusait l'ignorance de l'état final et repoussait à la fois toute organisation réelle. Cette incompatibilité se trouva dissimulée aussi longtemps que le progrès politique consista surtout à détruire un régime devenu rétrograde. Mais, quand il fallut construire, la crise croissante fit sentir que le libre essor développe les différentes catégories, surtout mentales et morales. Pour maintenir le niveau, il fallait toujours comprimer l'évolution. Le nivellement exigeait la compression permanente des supérieurs, pendant que le libre essor développait l'inégalité. Et cette devise, où la haine du passé suppléait à la conception de l'avenir, inspira à Condorcet une première tentative avortée, pour fonder la politique sur l'histoire. La prépondérance finale de l'esprit historique s'annonçait déjà inconsciemment sous l'ascendant d'un esprit anti-historique.

Cette scission est analogue à celle des lettrés et des prolétaires. Les prolétaires, aujourd'hui, recrutent dans leur sein les chefs et les membres de la démocratie occidentale. Mais tandis que les lettrés prêchent surtout l'*Égalité*, les seconds préfèrent spontanément la *Liberté*, suivant, les uns et les autres, leurs tendances respectives vers la domination ou l'amélioration. Néanmoins, les lettrés aspirent à la liberté quand ils sont comprimés, et les prolétaires à l'égalité lorsqu'ils espèrent prévaloir.

La confusion métaphysique de ces deux puissances, prolonge l'état révolutionnaire, et caractérise l'anarchie moderne. Au contraire, depuis que l'*Égalité* ne peut plus être confondue avec la *Fraternité*, la persistance à niveler indique toujours une infériorité de cœur et d'esprit qui rend incapable de seconder la régénération occidentale.

L'anarchie moderne comporte encore parmi les révolutionnaires un nouveau contraste suivant les deux modes précédents. Leurs dogmes flottent entre deux aberrations contraires : le *Communisme* et l'*Individualisme*. Cette distinction émane des efforts que ces deux écoles font, afin de concilier « le concours avec l'indépendance », propres à l'état normal de la société. Cette conciliation ne put être ébauchée que sous la dernière phase du moyen âge, pendant la période du monothéisme défensif. La révolution moderne a fait diverger de plus en plus ces deux conditions de l'ordre, et les exigences du progrès firent prévaloir l'indépendance sur le concours, inversement au caractère politique de l'antiquité. Depuis que la destination organique de la crise finale est devenue appréciable, l'instinct révolutionnaire pousse plus au communisme qu'à l'individualisme. Ces deux tendances ne cesseront de coexister jusqu'à ce que le positivisme ait pu concilier l'indépendance avec le concours.

Jusque là, la science politique peut obtenir plus d'assistance des communistes que des individualistes. Si l'on considère l'influence révolutionnaire des prolétaires, la seule qui puisse causer de l'inquiétude, on voit que les communistes caractérisent l'anarchie propre aux villes, et les individualistes celle des campagnes.

Dans la question sociale la plus orageuse, dans la propriété par exemple, les individualistes tendent vers la dispersion indéfinie des richesses, tandis que les communistes poussent à leur concentration absolue. Le communisme annonce le dérèglement de l'altruisme, et l'individualisme consacre la prépondérance de l'égoïsme. En somme, le communisme apparemment plus anarchique, parce qu'il est plus imminent, indique la transformation qu'il ébauche dans l'instinct révolutionnaire, lequel s'efforce de quitter le caractère critique pour prendre l'attitude organique.

Au nom du sentiment social, le positivisme fera bientôt comprendre aux meilleurs communistes que la solidarité reste insuffisante, et même contradictoire, quand elle n'est pas subordonnée à la continuité historique. Le positivisme fera d'autre part comprendre aux individualistes qu'ils font autant prévaloir le présent sur l'avenir que sur le passé; qu'ils consacrent la routine révolutionnaire, se bornant à disputer la possession du pouvoir sans discipliner son exercice autrement que par des restrictions anarchiques.

Si la révolution moderne est une révolution essentiellement intellectuelle et morale, le remède doit consister à poser les bases d'une philosophie qui puisse nous permettre d'établir par la démonstration, une nouvelle *foi*, non moins opposée aux fictions théologiques qu'aux abstractions métaphysiques. Ensuite, la destination éminemment sociale du progrès, réclame une synthèse universelle qui puisse satisfaire également l'activité, l'intelligence et le sentiment.

Au milieu de l'anarchie mentale qui se développe depuis la fin du moyen âge, on s'aperçoit que l'extinction de l'esprit théologico-métaphysique coïncide avec l'ascendant graduel de l'esprit positif. Cette opposition n'a rien de fortuit, puisque la décadence de l'ancienne philosophie résulte de l'évolution de la nouvelle, sans laquelle la foi surnaturelle aurait toujours surmonté l'ontologie dissolvante. Ceux qui se défendent d'être des positivistes sont simplement inconscients de ce qu'ils disent et de ce qu'ils font dans cette voie. La nature absolue du catholicisme l'empêcha d'agir sur les chefs politiques avant que de les avoir convertis. Au contraire, le caractère relatif du positivisme agit spontanément sur les masses. D'après la grande loi dynamique de l'évolution intellectuelle de l'Humanité, le positivisme considère toutes les doctrines antérieures comme ayant déjà convergé vers la sienne, et cette disposition est encore bien plus forte pour les opinions contemporaines. Ainsi, aux yeux de l'Humanité, tous les hommes sont, surtout aujourd'hui, des positivistes spontanés, à divers degrés d'évolutions qui ne désirent que d'être complétées. Cette épuration s'opère par de nouvelles transformations positivistes, de certaines notions propres aux sciences supérieures qui sont encore restées, dans leur esprit, à l'état théologique ou métaphysique, en vertu de la complication croissante des phénomènes dans la hiérarchie encyclopédique. Ces notions sont principalement de l'ordre vital, social et religieux, que l'empirisme dissolvant s'efforce toujours de soustraire aux lois générales du progrès humain. Mais la spontanéité du positivisme se fera énergiquement sentir et modifiera la vie publique, aussitôt que la situation sociale aura fait surgir une volonté prépondérante et responsable. Jusque là, les gouvernants

et les gouvernés seront fatalement condam-
nés à l'impuissance et au quiétisme, au
milieu de la plus active dissolution.

Pour instituer la transition finale, il suffit de concilier la *Dictature* avec la *Liberté*,
suivant le vœu systématique de Hobbes,
spontanément réalisé par Frédéric le Grand,
au milieu du mouvement irréligieux.

Une pleine liberté d'exposition et de discussion est indispensable comme garantie
permanente contre la dégénération, toujours imminente, d'une dictature empirique
en une tyrannie rétrograde. La compression
nuit bien plus à l'ordre qu'au progrès, pous-
sant l'instinct populaire à regarder les bases
de la société comme ne comportant point
une légitime défense, puisque leur examen
reste interdit malgré le calme matériel.
D'un autre côté, depuis que le positivisme permet de surmonter les dispositions
subversives, l'ordre ne peut pas rester rétrograde, quand le progrès cesse d'être
anarchique. Alors la dictature obtient la
consistance convenable en prenant un ca-

ractère progressif, en renonçant entièrement aux attributions spirituelles pour se
concentrer dans son office temporel.

La phase de transition organique dans
laquelle nous entrons, réclame ainsi, pour
se garantir contre la rétrogradation monarchique, ou l'empirisme républicain, ou l'a-
narchie socialiste, une *Dictature monocrato-
républicaine*, capable de maintenir l'*ordre*
et le *progrès*. Cette dictature devra s'éten-
dre à toute l'Europe, et même à l'Amérique,
suivant le mode et l'époque de l'émancipation théologo-métaphysique des nations en-
visagées. Mais, afin que l'ordre ne soit pas
perturbé, il importe que cette transition
soit instituée d'en haut, et jamais d'une in-
surrection d'en bas. En renonçant à la vio-
lence, on établit, entre les gouvernants et les
gouvernés, la libre pente qui doit amener
une conciliation durable entre deux nécessités équivalentes et simultanées.

Les deux conceptions du mot *ordre*, si-
gnifient *commandement* et *arrangement*.
Tant que dura notre enfance, destinée plu-

tôt à développer les forces humaines qu'à les régler, le commandement prévalut sur l'arrangement, qui ne pouvait surgir, faute d'une base extérieure. L'âge adulte, au contraire, se caractérise par la prépondérance de l'arrangement, qui, d'après sa base objective, requiert seulement l'intervention du commandement pour compléter nos décisions politiques. Ainsi, le renversement de la subordination mutuelle, propre aux deux sens du mot *ordre*, fait ressentir le contraste entre l'ancienne synthèse absolue et la nouvelle synthèse relative. En effet, cette inversion spontanée résume la substitution décisive des *lois* aux *causes*. Elle marque, en outre, notre tendance croissante à faire prévaloir la discipline spirituelle sur la discipline temporelle.

Quand l'ascendant de la foi positive aura assez modifié les mœurs, elle permettra l'organisation d'un *Triumvirat* systématique, propre à la dernière phase de notre transition organique, qui précédera l'avénement définitif de l'ère positiviste.

La Dictature monocrato-républicaine, devra premièrement reposer sur la séparation radicale des deux pouvoirs, temporel et spirituel. Le pouvoir temporel sera garanti par la pleine liberté d'exposition et de discussion. Le pouvoir spirituel le sera par la suppression du budget théorique (théologique, métaphysique et scientifique), comme étant aujourd'hui également pernicieux au progrès intellectuel et moral, d'une société sceptique, qui consacre le mensonge en ces trois pouvoirs spirituels,

Par leur caractère absolu et analytique, ces trois éléments sont profondément dissolvants sous la transition organique. Leur épuration étant actuellement impossible, à défaut d'une foi démontrée, leur suppression est grandement préférable. C'est ce que fit la Convention en 1793. Nous le démontrerons dans notre élaboration complète de la *Politique positive.*

Voilà comment l'union des conservateurs-républicains avec les républicains-conservateurs doit bientôt délivrer l'Occident d'une

fatale alternative entre le joug des démago-
gues-rétrogrades et celui des rétrogrades-
démagogues.

Le nom de *Constructeur*, caractérisera le
nouveau parti qui concilie l'ordre et le progrès dans les deux camps opposés, dont
l'un persiste à rêver la démolition, et
l'autre la rétrogradation. Toutefois ce titre,
qui marque la disposition à construire sans
déterminer la nature de la construction,
sera bientôt refondu, dans la qualification
de *Positiviste*, seule apte à définir l'ensemble des tendances organiques, tant reli-
gieuses que politiques.

En résumé, la filiation historique nous
révèle que l'anarchie moderne n'est que le
dernier degré d'une immense perturbation
mentale, dont l'origine remonte jusqu'à la
dernière dissolution des théocraties anti-
ques, seuls types complets que l'ordre social ait admis jusqu'ici.

Depuis trente siècles on voit toujours
surgir le principe révolutionnaire de l'élec-
tion des supérieurs par les inférieurs. Ce

principe menace aujourd'hui de renverser la société politique. Au début, cela n'avait d'autre destination que de modifier le régime des castes, profondément oppressif; mais comme ce principe de transition ne faisait que remplacer l'ancien, également transitoire, son influence est devenue dissolvante, et finalement subversive. De là cette longue maladie sociale de l'Occident, qui, « cérébralement analysée, constitue une aliénation chronique, essentiellement intellectuelle, habituellement compliquée de réactions morales, et souvent accompagnée d'agitations matérielles. »

Le caractère du diagnostic consiste en ce que la méditation ne rectifie pas la contemplation, surtout envers la loi de la continuité historique. Jamais l'étymologie d'*aliénation* ne put convenir davantage que dans cette triste situation, où les populations méconnaissent brutalement le noble joug du passé, tout en rêvant l'avenir. Le positivisme peut seul terminer cette maladie sociale, en substituant l'hérédité sociocratique à l'hérédité théocratique, sans rompre jamais la continuité humaine.

Pour cela, il faut commencer par épurer le parti républicain en éliminant de son sein l'esprit métaphysique.

Le positivisme a déjà fait disparaître cette perturbation des sciences les plus simples, et il est dans la voie de l'éliminer des sciences les plus compliquées, c'est-à-dire de la politique, de la morale et de la religion.

L'épuration politique des vrais républicains consistera donc à expulser les purs niveleurs, partout indisciplinables et révolutionnaires, et très-inférieurs de cœur et d'esprit. On pourra alors ébaucher la sociocratie de l'avenir, en transformant la légitimité monarchique en légitimité républicaine, sous la présidence des conservateurs réformés.

Mais avant, il faut consolider une Dictature vraiment républicaine et progressive.

De fait, la dictature sous la forme monarchique, puis aristocratique et aujourd'hui presque républicaine, gouverne l'Occident depuis le commencement de l'ère révolutionnaire, depuis la fin du xiiie siècle, où la décomposition du régime catholico-féodal se fit sentir.

Tout pouvoir suppose confiance dans ceux qui l'acceptent, responsabilité dans celui qui l'exerce ; car une force sociale, si limité que soit le cercle de son action, n'est installée qu'autant qu'elle a acquis un organe unique. Il en est de même au point de vue physique : toute force motrice requiert un moteur générateur. Sous le rapport physiologique, le cerveau constitue l'organe central régulateur de nos actes physiques, de nos facultés intellectuelles et morales, de la santé et de la maladie. Socialement parlant, l'Humanité représente notre grand créateur et notre grand régulateur, à la fois dans le temps et dans l'espace.

« La dictature n'est autre chose, au fond, dit le Dr Robinet, que la concentration dans les mêmes mains, du pouvoir législatif et du pouvoir exécutif : Le premier portant de plus en plus sur les intérêts d'ordre matériel et administratif, et de moins en moins sur les choses spirituelles. Que la dictature fasse les lois et les décrets nécessités par la gestion des affaires temporelles; que l'assemblée qui lui est adjointe soit purement administrative, financière, chargée de voter et de contrôler son budget: qu'elle soit choisie par le suffrage universel, pour éviter les intrigues de la richesse et de la capacité; mais que jamais un parlement omnipotent et irresponsable, accaparant toutes les hautes fonctions sociales et tous les pouvoirs, confondant le spirituel et le temporel, n'émette arbitrairement des lois sur la religion, la morale, la philosophie, la science, la politique et l'industrie! Des praticiens appelés à légiférer en matière spirituelle et des théoriciens pourvus d'une autorité politique pour imposer leurs idées au lieu de les exposer, sont deux choses aussi contradictoires au point de vue de la raison, que menaçantes envers l'ordre et la liberté. La séparation de la théorie et de la pratique,

l'attribution à des organes respectifs et in-
dependants de l'influence spirituelle et de
l'autorité temporelle, enfin la concentration
de l'action politique au sein d'une dictature exclusivement pratique, telles sont aujourd'hui les seules garanties de l'ordre et
du progrès, de la conservation et de la
liberté, le seul moyen d'éviter l'arbitraire
et la confusion politiques, la lutte et les
excès des partis, l'*inquisition* et la *terreur*,
qui sont aussi bien le dernier mot de la
rétrogradation que de l'anarchie ! ¹ »

Les idées que nous venons d'exposer sur
les trois partis qui personnifient la politique négative, de même que celles qui se
rattachent à la *Politique positive*, sont ex-
traites de l'ensemble de la doctrine d'Auguste Comte. On les trouve en partie résu-
mées dans son remarquable *Appel aux
Conservateurs*, publié en 1855 ; elles sont
déjà en germe dans les cinq premiers opus-
cules qu'il publia de 1819-1826. Ce qui saisit

¹ *Notice sur l'œuvre et la vie d'Auguste Comte*. Paris,
1864, p. 90.

tout d'abord dans cette remarquable exposition philosophique et politique, c'est la justesse et la profondeur des pensées. Le développement, toujours croissant de l'anarchie intellectuelle et morale qu'il prévoyait à cette époque éloignée et au milieu d'un calme apparent, se réalise aujourd'hui. L'union des conservateurs et des républicains sous la présidence des premiers, l'instinct de concorde inconsciente qui pousse le centre droit vers le centre gauche, la soif de paix, le désir ardent d'une constitution stable, l'organisation de la République sur une base conservatrice, l'ordre moral que l'on invoque pour la première fois, comme garantie de l'ordre matériel; tout, en un mot, jusqu'à l'état de siége permanent et jusqu'à la demi-dictature que nous commençons à sentir, avait été prévu et touché du doigt, pour ainsi dire, par Auguste Comte.

ANDRÉ POËY.

Paris, 1er février 1875.

Imp. Eugi Heutte et Cie, à Saint-Germain.

DEUXIÈME SÉRIE